기탄급수한자

초등학생용
6급·6급Ⅱ공용

6급

빨리따기

1과정

(사)한국어문회 주관 한국한자능력검정회 시행

KB056758

※6급·6급Ⅱ 공용 6급은 ①, ②, ③과정 전 3권으로 구성되어 있습니다.

전국적으로 초, 중, 고 학생들에게 급수한자 열풍이 대단합니다.
2005년도 대학 수학 능력 시험부터 제2외국어 영역에 한문 과목이 추가되고, 한자 공인 급수 자격증에 대한 각종 특전이 부여됨에 따라 한자 교육에 가속도가 붙고 있습니다. 이러한 교육 환경에서 초등학생의 한자 학습에 대한 열풍은 자연스럽게 한자능력검정시험에까지 이어지고 있습니다.
이에 (주)기탄교육은 초등학생 전용 급수한자 학습지《기탄급수한자 빨리따기》를 선보이게 되었습니다.《기탄급수한자 빨리따기》는 초등학생의 수준에 알맞게 구성되어 더욱 쉽고 빠르게 원하는 급수를 취득할 수 있습니다. 이제 초등학생들의 한자능력검정시험 준비는《기탄급수한자 빨리따기》로 시작하세요. 한자 학습의 목표를 정해 주어 학습 성취도가 높고, 공부하는 재미를 동시에 느낄 수 있습니다.

《기탄급수한자 빨리따기》이런 점이 좋아요.

• 두꺼운 분량의 문제집이 아닌 각 급수별로 분권하여 학습 성취도가 높습니다.
• 출제 유형을 꼼꼼히 분석한 기출예상문제풀이로 시험 대비에 효과적입니다.
• 만화, 전래 동화, 수수께끼 등 다양한 학습법으로 지루하지 않게 공부합니다.

한자능력검정시험이란?

● 사단법인 한국어문회에서 주관하고 한국한자능력검정회가 시행하는 한자 활용능력 시험을 말합니다. 1992년 12월 9일 1회 시험이 시행되었고, 2001년 1월 1일 이후로 국가 공인자격시험(특급~3급Ⅱ)으로 치러지고 있습니다.

한자능력검정시험은 언제, 어떻게 치르나요?

● 한자능력검정시험은 공인급수(특급~3급Ⅱ)와 교육급수(4급~8급)로 나뉘어 실시합니다. 응시 자격은 연령, 성별, 학력 제한 없이 모든 급수에 응시할 수 있습니다. 기타 자세한 사항은 한국어문회 홈페이지(www.hanja.re.kr)를 참조하세요.

한자능력검정시험의 급수는 어떻게 나누어지나요?

● 한자능력검정시험은 공인급수와 교육급수로 나누어져 있으며, 8급에서 특급까지 배정되어 있습니다.

한자능력검정시험 급수 배정

	급수	읽기	쓰기	수준 및 특성
공인급수	특급	5,978	3,500	국한혼용 고전을 불편 없이 읽고, 연구할 수 있는 수준 고급
	특급Ⅱ	4,918	2,355	국한혼용 고전을 불편 없이 읽고, 연구할 수 있는 수준 중급
	1급	3,500	2,005	국한혼용 고전을 불편 없이 읽고, 연구할 수 있는 수준 초급
	2급	2,355	1,817	상용한자를 활용하는 것은 물론 인명지명용 기초한자 활용 단계
	3급	1,817	1,000	고급 상용한자 활용의 중급 단계
	3급Ⅱ	1,500	750	고급 상용한자 활용의 초급 단계
교육급수	4급	1,000	500	중급 상용한자 활용의 고급 단계
	4급Ⅱ	750	400	중급 상용한자 활용의 중급 단계
	5급	500	300	중급 상용한자 활용의 초급 단계
	5급Ⅱ	400	225	중급 상용한자 활용의 초급 단계
	6급	300	150	기초 상용한자 활용의 고급 단계
	6급Ⅱ	225	50	기초 상용한자 활용의 중급 단계
	7급	150	0	기초 상용한자 활용의 초급 단계
	7급Ⅱ	100	0	기초 상용한자 활용의 초급 단계
	8급	50	0	한자 학습 동기 부여를 위한 급수

한자능력검정시험에는 어떤 문제가 나오나요?

● 급수별로 자세한 내용은 다음과 같습니다.

한자능력검정시험 급수별 출제 기준

구분	공인급수						교육급수								
	특급	특급Ⅱ	1급	2급	3급	3급Ⅱ	4급	4급Ⅱ	5급	5급Ⅱ	6급	6급Ⅱ	7급	7급Ⅱ	8급
읽기배정한자	5,978	4,918	3,500	2,355	1,817	1,500	1,000	750	500	400	300	225	150	100	50
쓰기배정한자	3,500	2,355	2,005	1,817	1,000	750	500	400	300	225	150	50	0	0	0
독음	45	45	50	45	45	45	32	35	35	35	33	32	32	22	24
훈음	27	27	32	27	27	27	22	22	23	23	22	29	30	30	24
장단음	10	10	10	5	5	5	3	0	0	0	0	0	0	0	0
반의어	10	10	10	10	10	10	3	3	3	3	3	2	2	2	0
완성형	10	10	15	10	10	10	5	5	4	4	3	2	2	2	0
부수	10	10	10	5	5	5	3	3	0	0	0	0	0	0	0
동의어	10	10	10	5	5	5	3	3	3	3	2	0	0	0	0
동음이의어	10	10	10	5	5	5	3	3	3	3	2	0	0	0	0
뜻풀이	5	5	10	5	5	5	3	3	3	3	2	2	2	2	0
약자	3	3	3	3	3	3	3	3	3	3	0	0	0	0	0
한자 쓰기	40	40	40	30	30	30	20	20	20	20	20	10	0	0	0
필순	0	0	0	0	0	0	0	0	3	3	3	3	2	2	2
한문	20	20	0	0	0	0	0	0	0	0	0	0	0	0	0

※쓰기 배정 한자는 한두 급수 아래의 읽기 배정 한자이거나 그 범위 내에 있습니다.
※출제 기준표는 기본 지침 자료로서, 출제자의 의도에 따라 차이가 있을 수 있습니다.

한자능력검정시험 합격 기준

구분	공인급수						교육급수								
	특급	특급Ⅱ	1급	2급	3급	3급Ⅱ	4급	4급Ⅱ	5급	5급Ⅱ	6급	6급Ⅱ	7급	7급Ⅱ	8급
출제문항	200	200	150				100				90	80	70	60	50
합격문항	160	160	105				70				63	56	49	42	35
시험시간	100분	90분	60분				50분								

※특급·특급Ⅱ·1급은 출제 문항의 80% 이상, 2급~8급은 70% 이상 득점하면 합격입니다.

 ## 한자능력검정시험에 합격하면 어떤 좋은 점이 있나요?

● 특급~3급Ⅱ를 취득하면 국가 공인 자격증으로서 관련 국가자격을 규정하고 있는 법령에 의하여 국가자격 취득자와 동등한 대우 및 혜택이 주어집니다.
● 대학 입시 수시 모집 및 특기자 전형에 지원이 가능합니다.
● 대학 입시 면접에 가산점 부여 및 졸업 인증, 학점 반영 등 혜택이 주어집니다.
● 기업체의 입사·승진·인사 고과에 반영됩니다.

6급 빨리따기 구성과 특징

6급·6급Ⅱ신출 한자 150자를
①, ②, ③과정으로 분권하여 구
성하였습니다. 두꺼운 분량의
책으로 공부할 때보다 학습자의
성취감을 높여 줍니다.

자원
한자가 만들어지는 과정을 통해
한자를 기억하는데 도움을 줍니다.

그림
한자의 훈(뜻)에
해당하는 개념을
그림으로 표현하여
쉽게 이해하도록
합니다.

쓰기
한자 따라 쓰기,
훈음 쓰기 등의
과정을 통해
한자의 3요소를
완전 학습하도록
합니다.

부수 및 필순
한자의 기본이 되는
부수를 익히고,
한자를 바르게 쓸
수 있도록 필순을
제시하였습니다.

어휘
다른 자와 결합된 한자어를 학습하여
어휘력을 높이도록 하였습니다.

도입
6급·6급Ⅱ 신출 한자를 가나다 순으로
정리하여 그림과 함께 소개합니다.

만화로 한자를
앞서 익힌 한자를 만화를
통하여 흥미롭게 복습합니다.

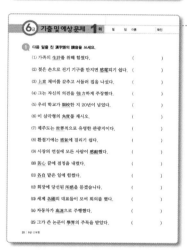

기출 및 예상 문제
시험에 출제되었던 문제와 예상
문제를 통하여 실력을 다집니다.

한자로 배우는 속담 이야기
한자로 표현된 속담을 만화를
통하여 재미있게 학습합니다.

부록
8급 한자 50자를 복습합니다.

모의 한자능력검정시험
실제 시험 출제 유형과 똑같은
모의 한자능력검정시험 3회를 통하여
실전 감각을 높일 수 있습니다.

답안지
실제 시험과 똑같은 모양의
답안 작성 연습으로 답안 작성 시
실수를 줄일 수 있습니다.

角(각) ❶-8
①과정 8쪽

6급 ①과정 한자능력검정시험

 角 뿔 각

 感 느낄 감

 開 열 개

界 지경 계

 高 높을 고

各 각각 각

 強 강할 강

 京 서울 경

 計 셀 계

 苦 쓸 고

빨리 따기

월 일 이름 | 확인

짐승의 **뿔** 모양을 본뜬 한자입니다.

훈 **뿔** 음 **각**　　角부수 (총 7획)

角 角 角 角 角 角 角

❖ 순서에 맞게 角을 쓰고 훈과 음을 쓰세요.

角	角	角	角	角
뿔 각	뿔 각	뿔 각	뿔 각	뿔 각
角	角	角	角	角

- **直**☐ (직각) : 두 직선이 만나서 이루는 90도의 각.　　(直 : 곧을 직)

- ☐**度** (각도) : 한 점에서 갈리어 나간 두 직선의 벌어진 정도.　　(度 : 법도 도)

- 동음이의어 – **各** (각각 각)

8 | 6급 ①과정

6급 빨리 따기

월 일 이름 | 확인

夂 + 口 = 各

뒤져 올 치　　　입구

발의 모양을 한 夂(뒤져 올 치)와 움집의 모양인 口(입 구)를 합해 발 하나가 동굴 입구로 다가오고 있는 모습에서 **각각**, **각자**를 뜻합니다.

훈 **각각** 음 **각**　　　口부수 (총 6획)　　　各 各 各 各 各 各

❖ 순서에 맞게 各을 쓰고 훈과 음을 쓰세요.

各	各	各	各	各
각각 각	각각 각	각각 각	각각 각	각각 각
各	各	各	各	各

- ☐ 國 (각국) : 각 나라.　　　　　　　　　　　　　(國 : 나라 국)

- ☐ 界 (각계) : 사회의 각 분야.　　　　　　　　　　(界 : 지경 계)

- 동음이의어 – 角 (뿔 각)

感

咸 + 心 = 感

다 함   마음 심

뜻을 나타내는 心(마음 심)과 음을 나타내는 咸(다 함)이 합쳐진 글자로, **느끼다**를 뜻합니다.

훈 **느낄** 음 **감**   心부수 (총 13획)   感 感 感 感 感 感 感 感 感 感

❖ 순서에 맞게 感 을 쓰고 훈과 음을 쓰세요.

感	感	感	感	感
느낄 감	느낄 감	느낄 감	느낄 감	느낄 감
感	感	感	感	感

- 同☐ (동감) : 어떤 견해나 의견에 같은 생각을 가짐.   (同 : 한가지 동)
- ☐動 (감동) : 크게 느끼어 마음이 움직임.   (動 : 움직일 동)

強

彊 ➡ 弘 + 虫 = 強

굳셀 강   벌레 충

뜻을 나타내는 虫(벌레 충)과 음을 나타내는 彊(굳셀 강)의 생략형이 합쳐진 글자로, **강하다**를 뜻합니다.

훈 **강할** 음 **강**   弓부수 (총 11획)   強 強 強 強 強 強 強 強 強 強 強

❖ 순서에 맞게 強 을 쓰고 훈과 음을 쓰세요.

強	強	強	強	強
강할 강	강할 강	강할 강	강할 강	강할 강
強	強	強	強	強

- ☐力 (**강력**) : 힘이나 영향이 강함.   (力 : 힘 력)

- 弱肉☐食 (**약육강식**) : 약한 자가 강한 자에게 먹힌다는 뜻.
  (弱 : 약할 약 肉 : 고기 육 食 : 밥/먹을 식)

- 상대 반의어 – 弱 (약할 약)

門 + 开 = 開
문 문　　　빗장 모양

두 손으로 빗장(开)을 들어 올려 양쪽 문짝(門)을 연다는 데서 **열다**를 뜻합니다.

훈 **열** 음 **개**　　門부수 (총 12획) 開 開 開 開 開 開 開 開 開 開 開 開

❖ 순서에 맞게 開 를 쓰고 훈과 음을 쓰세요.

開	開	開	開	開
열 개	열 개	열 개	열 개	열 개
開	開	開	開	開

· ☐ 校 (개교) : 학교를 새로 세워 처음으로 운영을 시작함.　　(校 : 학교 교)

· ☐ 學 (개학) : 학교에서 방학 따위로 한동안 쉬었다가 다시 수업을 시작함.　　(學 : 배울 학)

開 열 개

이제 간판도 붙이고 단장도 했으니 학동들 모을 일만 남았군.

적당한 광고가 없을까? 저잣거리를 살펴봐야겠다.

옳지! 저게 좋겠다.

신장開업! '새로 단장해서 영업을 시작하다.'라는 좋은 뜻이지.

캬~ 내가 썼지만 참 명필이로구나!

자화 자찬하셔~

허헛! 새 훈장 선생님이 오신 모양이네.

벌써 여러 선생님 포기하고 가셨지.

이 동네 애들 가르치기 쉽지 않을 텐데….

어째 이 동네에서도 맹꽁이, 닭 같은 녀석들만 가르치게 될 것 같은 예감이 드는군.

오늘 문연 기념으로 한 글자! 열 개(開).

열 개

맹꽁

京 ➡ 帛 ➡ 京

언덕 위에 집이 서 있는 모양을 본뜬 글자로, 옛날에는 높은 곳에 신전을 모시고 그 둘레에 사람이 모여 산 데서 **서울**을 뜻합니다.

훈 **서울** 음 **경**　　　ㅗ부수 (총 8획)　　　京 京 京 京 京 京 京 京

❖ 순서에 맞게 京을 쓰고 훈과 음을 쓰세요.

京	京	京	京	京
서울 경	서울 경	서울 경	서울 경	서울 경
京	京	京	京	京

· 東 ☐ **(동경)** : 일본의 수도 '도쿄'를 우리 한자음으로 읽은 이름.　　(東 : 동녘 동)

· 上 ☐ **(상경)** : 지방에서 서울로 올라옴.　　(上 : 윗 상)

田 + 介 = 界

밭 전   끼일 개

뜻을 나타내는 田(밭 전)과 음을 나타내는 介(끼일 개)가 합쳐진 글자로, 밭과 밭의 **경계**를 뜻합니다.

훈 **지경** 음 **계**   田부수 (총 9획)

界 界 界 界 界 界 界 界 界

❖ 순서에 맞게 界를 쓰고 훈과 음을 쓰세요.

界	界	界	界	界
지경 계	지경 계	지경 계	지경 계	지경 계
界	界	界	界	界

- 學 ☐ (학계) : 학문 연구 및 저술에 종사하는 학자들의 활동 분야.   (學 : 배울 학)

- 世 ☐ (세계) : 지구 상의 모든 나라. 또는 인류 사회 전체.   (卋 : 인간 세)

- 유의어 – 區 (구분할/지경 구)

월   일   이름 | 확인

言 + 十 = 計
말씀 언   열 십

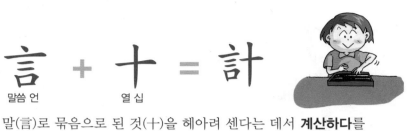

말(言)로 묶음으로 된 것(十)을 헤아려 센다는 데서 **계산하다**를 뜻합니다.

| 훈 셀 음 계 | 言부수 (총 9획) | 計 計 計 計 計 計 計 計 計 |

❖ 순서에 맞게 計 를 쓰고 훈과 음을 쓰세요.

計	計	計	計	計
셀 계	셀 계	셀 계	셀 계	셀 계
計	計	計	計	計

- □ 算 **(계산)** : 수를 헤아림.   (算 : 셈 산)

- 時 □ **(시계)** : 시간을 재거나 시각을 나타내는 기계나 장치.   (時 : 때 시)

- 유의어 – 算 (셈 산) 數 (셈 수)

高 ➡ 高 ➡ 高

높이 솟은 누각의 모습을 본뜬 글자로, **높다**를 뜻합니다.

훈 **높을** 음 **고**   高부수 (총 10획)   高 高 高 高 高 高 高 高 高 高

❖ 순서에 맞게 高를 쓰고 훈과 음을 쓰세요.

高	高	高	高	高
높을 고	높을 고	높을 고	높을 고	높을 고
高	高	高	高	高

- ⬜ 速 (고속) : 매우 빠른 속도.   (速 : 빠를 속)
- ⬜ 級 (고급) : ① 물건 따위의 품질이 뛰어나고 값이 비쌈. ② 신분·지위가 높음. (級 : 등급 급)
- 山高水長 (산고수장) : 산은 높이 솟고 강은 길게 흐른다는 뜻으로, 군자의 덕이 높고
                        끝없음을 비유함.   (山 : 메 산 水 : 물 수 長 : 긴 장)

++ + 古 = 苦

풀 초   예 고

뜻을 나타내는 ++(풀 초)와 음을 나타내는 古(예 고)가 합쳐진 글자로,
쓰다, **괴롭다**를 뜻합니다.

훈 **쓸** 음 **고**   ++(艸)부수 (총 9획)   苦苦苦苦苦苦苦苦苦

❖ 순서에 맞게 苦를 쓰고 훈과 음을 쓰세요.

苦	苦	苦	苦	苦
쓸 고	쓸 고	쓸 고	쓸 고	쓸 고
苦	苦	苦	苦	苦

- ☐ 生 (고생) : 어렵고 고된 일을 겪음.   (生 : 날 생)

- 同 ☐ 同樂 (동고동락) : 괴로움도 즐거움도 함께함.   (同 : 한가지 동 樂 : 즐길 락)

- 상대 반의어 – 樂 (즐길 락)

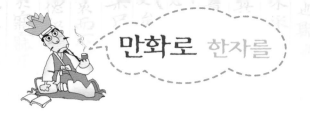

만화로 **한자를**

苦 쓸 고

차렷!
훈장님께 경례!

수업 시작한 모양이군.

쿵!

쯔쯔, 얼굴들을 보아하니

장난기가 더덕더덕 붙은 게 얼마나 공부 안 하고 놀던 모습인지 짐작이 가는군.

저희 얼굴이 어때서요?

허나, 지금부터는 좋은 시절 다 간줄 알아라! 본인은 특별 초빙된 호랑이 훈장으로서

수업 시간에 졸거나 숙제 안 해 오고 무단으로 수업을 빼먹는다면

이 싸리나무 회초리가 용서치 않을 것이니라!

무덥덥...

배움의 길은 苦난의 길이지만 그 열매는 다니라!

따라 해 쓰고!
(苦)

苦

쓰고오

저 글자 훈장님 얼굴 닮지 않았니?

킥킥

1 다음 밑줄 친 漢字語의 讀音을 쓰세요.

(1) 가족의 生計를 위해 힘썼다.   (   )

(2) 젖은 손으로 전기 기구를 만지면 感電되기 쉽다. (   )

(3) 上京 채비를 갖추고 서둘러 집을 나섰다.   (   )

(4) 그는 자신의 의견을 强力하게 주장했다.   (   )

(5) 우리 학교가 開校한 지 20년이 넘었다.   (   )

(6) 이 삼각형의 角度를 재시오.   (   )

(7) 제주도는 世界적으로 유명한 관광지이다.   (   )

(8) 환절기에는 感氣에 걸리기 쉽다.   (   )

(9) 시장의 연설에 모든 사람이 感動했다.   (   )

(10) 苦心 끝에 결정을 내렸다.   (   )

(11) 各自 맡은 일에 힘썼다.   (   )

(12) 회장에 당선된 所感을 듣겠습니다.   (   )

(13) 세계 各國의 대표들이 모여 회의를 했다.   (   )

(14) 자동차가 高速으로 주행했다.   (   )

(15) 그가 쓴 논문이 學界의 주목을 받았다.   (   )

2 다음 漢字의 訓과 音을 쓰세요.

(1) 各 (   )   (2) 界 (   )

(3) 高 (   )   (4) 苦 (   )

(5) 開 (   )   (6) 京 (   )

(7) 強 (   )   (8) 計 (   )

(9) 角 (   )   (10) 感 (   )

3 다음 밑줄 친 漢字語를 漢字로 쓰세요.

(1) 그 의견에 전적으로 동감한다.   (   )

(2) 네 사람이 각각 자기 의자에 앉았다.   (   )

(3) 그는 이 방면의 고수다.   (   )

(4) 시계가 다섯 시를 가리켰다.   (   )

(5) 이것은 직각 삼각형이다.   (   )

(6) 외계 어느 곳에 생명체가 있을 것이다.   (   )

(7) 고구려는 동방의 강국이었다.   (   )

(8) 젊었을 때 고생을 사서도 한다.   (   )

(9) 그는 일본 동경에 머무를 예정이다.   (   )

(10) 개학이 며칠 남지 않았다.   (   )

4 다음 漢字의 반의자(反義字) 또는 상대자(相對字)를 골라 그 번호를 쓰세요.

(1) 强 : ① 命   ② 平   ③ 前   ④ 弱   (   )

(2) 苦 : ① 開   ② 高   ③ 樂   ④ 界   (   )

5 다음 (   )에 알맞은 漢字를 보기 에서 찾아 그 번호를 쓰세요.

보기

① 高   ② 苦   ③ 生   ④ 强

(1) 弱肉(   )食 : 약한 자가 강한 자에게 먹힌다는 뜻.

(   )

(2) 同(   )同樂 : 괴로움도 즐거움도 함께함.   (   )

(3) 山(   )水長 : 산은 높이 솟고 강은 길게 흐른다는 뜻으로, 군자
의 덕이 높고 끝없음을 비유함.   (   )

6 다음 漢字와 뜻이 비슷한 漢字를 골라 그 번호를 쓰세요.

(1) 界 : ① 植   ② 海   ③ 直   ④ 區   (   )

(2) 計 : ① 話   ② 算   ③ 旗   ④ 各   (   )

7 다음 중 소리(音)는 같으나 뜻(訓)이 다른 漢字를 골라 그 번호를 쓰세요.

(1) 各 : ① 角   ② 花   ③ 名   ④ 色   (   )

(2) 計 : ① 算   ② 內   ③ 界   ④ 直   (   )

(3) 高 : ① 百   ② 電   ③ 男   ④ 苦   (   )

8 다음 뜻과 소리를 가진 단어를 漢字로 쓰세요.

> **보기**
>
> 몸무게.(체중) — (體重)

(1) 각 나라.(각국)　　　　　　　　　　　　　(　　　　　)

(2) 힘이나 영향이 강함.(강력)　　　　　　　(　　　　　)

9 다음 漢字의 짙게 표시한 획은 몇 번째 쓰는 획인지 **보기** 에서 찾아 그 번호를 쓰세요.

> **보기**
>
> ① 첫 번째　　② 두 번째　　③ 세 번째　　④ 네 번째
> ⑤ 다섯 번째　⑥ 여섯 번째　⑦ 일곱 번째　⑧ 여덟 번째
> ⑨ 아홉 번째　⑩ 열 번째　　⑪ 열한 번째　⑫ 열두 번째

(1) 京 (　　　　)　　　　(2) 各 (　　　　)

(3) 界 (　　　　)

한자로 배우는
속담 이야기

◯ 한자로 표현된 속담을 익혀 보세요.

去言美 (거언미)래야　來言美 (래언미)라

가는 말이 고와야 오는 말이 곱다.

去 : 갈 거　言 : 말씀 언　美 : 아름다울 미　來 : 올 래

6급 ①과정 한자능력검정시험

 古 예 고

 公 공평할 공

 功 공 공

 共 한가지 공

科 과목 과

 果 실과 과

 光 빛 광

 交 사귈 교

 球 공 구

 區 구분할/지경 구

월   일 이름   확인

古

十 + 口 = 古
열 십   입 구

여러 대(十)에 걸쳐 입에서 입(口)으로 전해온다는 데서 **옛날**을 뜻합니다.

훈 **예** 음 **고**

口부수 (총 5획)

古 古 古 古 古

❖ 순서에 맞게 古를 쓰고 훈과 음을 쓰세요.

古	古	古	古	古
예 고	예 고	예 고	예 고	예 고
古	古	古	古	古

- ☐ **今** (고금) : 예전과 지금을 아울러 이르는 말.   (今 : 이제 금)

- ☐ **物** (고물) : ① 옛날 물건. ② 헐거나 낡은 물건.   (物 : 물건 물)

- **상대 반의어** – 今 (이제 금) 新 (새 신)

물건을 고루 나누어 가진다는 데서 **공평하다**를 뜻합니다.

훈 **공평할** 음 **공**	八부수 (총 4획)	公 公 公 公

❖ 순서에 맞게 公을 쓰고 훈과 음을 쓰세요.

公	公	公	公	公
공평할 공	공평할 공	공평할 공	공평할 공	공평할 공
公	公	公	公	公

- ☐ **平** (공평) : 어느 쪽으로도 치우치지 않고 고름.　　　　　　(平 : 평평할 평)

- ☐ **正** (공정) : 공평하고 올바름.　　　　　　　　　　　　　　(正 : 바를 정)

- **公明正大** (공명정대) : 하는 일이나 태도가 사사로움이나 그릇됨이 없이 아주 정당하고
  　　　　　　　　　　떳떳함.　　　　　(明 : 밝을 명 正 : 바를 정 大 : 큰 대)

功

工 + 力 = 功
장인 공   힘 력

工(장인 공)과 力(힘 력)이 합쳐진 글자로, 물건을 만들기(工) 위해 힘써(力) 일한다는 데서 **공, 공로**를 뜻합니다.

훈 **공** 음 **공**   力부수 (총 5획)   功 功 功 功 功

❖ 순서에 맞게 功을 쓰고 훈과 음을 쓰세요.

功	功	功	功	功
공 공	공 공	공 공	공 공	공 공
功	功	功	功	功

- ☐ 利 (공리) : 공로와 이익.　　　　　　　　　　　　　　(利 : 이할 리)

- 成 ☐ (성공) : 목적하는 바를 이룸.　　　　　　　　　　(成 : 이룰 성)

- **동음이의어** - 工 (장인 공)　空 (빌 공)　共 (한가지 공)　公 (공평할 공)

월   일   이름 | 확인

두 손으로 물건을 들고 있는 모양을 본뜬 글자로, **함께하다**를 뜻합니다.

훈 **한가지** 음 **공**   八부수 (총 6획)

共 共 共 共 共 共

❖ 순서에 맞게 共 을 쓰고 훈과 음을 쓰세요.

共	共	共	共	共
한가지 공	한가지 공	한가지 공	한가지 공	한가지 공
共	共	共	共	共

- ☐ **感** (공감) : 남의 감정, 의견, 주장 따위에 대하여 자기도 그렇다고 느낌. (感 : 느낄 감)

- ☐ **同** (공동) : 둘 이상의 사람이나 단체가 함께 일을 하거나, 같은 자격으로 관계를 가짐.
  (同 : 한가지 동)

- 유의어 – 同 (한가지 동)

禾 + 斗 = 科

벼 화　　말 두

곡식(禾)을 말(斗)로 헤아린다는 데서 **조목**, **과목**을 뜻합니다.

훈 **과목** 음 **과**　　禾부수 (총 9획)

科 科 科 科 科 科 科 科 科

❖ 순서에 맞게 科를 쓰고 훈과 음을 쓰세요.

科	科	科	科	科
과목 과	과목 과	과목 과	과목 과	과목 과
科	科	科	科	科

- ☐ 目 (과목) : 가르치거나 배워야 할 지식 및 경험의 체계를 세분하여 계통을 세운 영역.

　(目 : 눈 목)

- ☐ 學 (과학) : 보편적인 진리나 법칙의 발견을 목적으로 한 체계적인 지식.　(學 : 배울 학)

- 동음이의어 – 果 (실과 과)

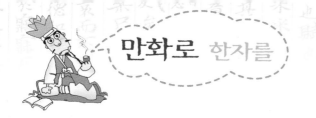

만화로 한자를

公 공평할 공

1등으로 오는 녀석에게 곶감 한 줄을 준다했더니 금세 효과가 나는군.

우두두두두…

와!! 와!!

어이쿠!

아싸!

하이고~ 태풍이 따로 없구낭~

훈장님! 제가 1등 했어요!

어째서 네가 1등이냐?

빨리 곶감 주세요!

아이고, 시끄러워!

그렇게 정신없이 들이닥치면 누가 1등인지 어찌 알겠으며

설사 1등에게 곶감을 준다해도 서로 나눠 먹어야 마땅할 일이지!

그런게 어디있어욧!

!

의리 없는 네 녀석들 훈계하는 뜻에서 公평하게 회초리 두 대, 곶감 두 개씩 내리겠도다!

불公평 해요!

果

나무 위에 열매가 달려 있는 모양을 본뜬 글자로, **열매**, **과일**을 뜻합니다.

훈 **실과** 음 **과**   木부수 (총 8획)   果 果 果 果 果 果 果 果

❖ 순서에 맞게 果 를 쓰고 훈과 음을 쓰세요.

果	果	果	果	果
실과 과	실과 과	실과 과	실과 과	실과 과
果	果	果	果	果

- **成** ☐ (성과) : 이루어 낸 결실.   (成 : 이룰 성)

- ☐ **樹** (과수) : 과실나무. 열매를 얻기 위하여 가꾸는 나무.   (樹 : 나무 수)

- 동음이의어 – 科 (과목 과)

光 ▷ 炎 ▷ 光

사람이 햇불을 들고 밝게 비추고 있는 모습을 본뜬 글자로, **빛**을 뜻합니다.

훈 **빛** 음 **광**　　ノL부수 (총 6획)　　　　光 光 光 光 光 光

❖ 순서에 맞게 光을 쓰고 훈과 음을 쓰세요.

光	光	光	光	光
빛 광	빛 광	빛 광	빛 광	빛 광
光	光	光	光	光

- ☐ 明 (광명) : 밝고 환함.　　　　　　　　　　　　　　　　(明 : 밝을 명)

- ☐ 線 (광선) : 빛의 줄기.　　　　　　　　　　　　　　　　(線 : 줄 선)

- 電光石火 (전광석화) : 번갯불이나 부싯돌의 불이 번쩍이는 것과 같이 매우 짧은 시간이나
　　　　　　　　　재빠른 움직임 따위를 비유. (電 : 번개 전　石 : 돌 석　火 : 불 화)

交

사람이 두 다리를 엇갈리게 하여 앉아 있는 모습을 본뜬 글자로,
엇갈리다, **사귀다**를 뜻합니다.

훈 **사귈** 음 **교**   亠부수 (총 6획)

交 交 交 交 交 交

❖ 순서에 맞게 交 를 쓰고 훈과 음을 쓰세요.

交	交	交	交	交
사귈 교	사귈 교	사귈 교	사귈 교	사귈 교
交	交	交	交	交

- ☐感 (교감) : 서로 접촉하여 따라 움직이는 느낌.   (感 : 느낄 감)

- 外☐ (외교) : 다른 나라와 정치적, 경제적, 문화적 관계를 맺는 일.   (外 : 바깥 외)

- **동음이의어 – 校** (학교 교) **教** (가르칠 교)

玉 ➡ 王 + 求 = 球

구슬 옥   구할 구

뜻을 나타내는 玉(구슬 옥)과 음을 나타내는 求(구할 구)가 합쳐진 글자로,
옥을 갈아 공처럼 둥글게 한다는 데서 **공**을 뜻합니다.

훈 **공** 음 **구**   玉부수 (총 11획)   球 球 球 球 球 球 球 球 球 球 球

❖ 순서에 맞게 球를 쓰고 훈과 음을 쓰세요.

球	球	球	球	球
공 구	공 구	공 구	공 구	공 구
球	球	球	球	球

- 電☐ (전구) : 전류를 통하여 빛을 내는 기구.   (電 : 번개 전)

- 地☐ (지구) : 태양에서 셋째로 가까운 행성. 인류가 사는 천체.   (地 : 땅 지)

- 동음이의어 – 九 (아홉 구) 口 (입 구) 區 (구분할/지경 구)

品 + 匚 = 區
물건 품   감출 혜

많이 있는 물건의 모양인 品(물건 품)과 감추다는 뜻의 匚(감출 혜)를 합해, 자잘한 것을 정리하여 구분하다는 데서 **구분하다**를 뜻합니다.

훈 **구분할/지경** 음 **구**   匚부수 (총 11획)   區 區 區 區 區 區 區 區 區 區 區

❖ 순서에 맞게 區 를 쓰고 훈과 음을 쓰세요.

區	區	區	區	區
구분할/지경 구	구분할/지경 구	구분할/지경 구	구분할/지경 구	구분할/지경 구
區	區	區	區	區

- [ ] 間 (구간) : 어떤 지점과 다른 지점과의 사이.   (間 : 사이 간)
- [ ] 分 (구분) : 일정한 기준에 따라 전체를 몇 개로 갈라 나눔.   (分 : 나눌 분)
- 유의어 – 界 (지경 계) 別 (다를/나눌 별) 分 (나눌 분)

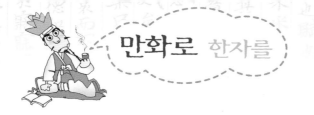

交 사귈 교

쿨~!

크크,
훈장님 주무신다.
이 틈에 놀자!

붓따먹기놀이
어때?

번쩍!

졸긴 누가 졸아?
잠시 눈을 감고 옛 성현들과
사귀다 왔느니라.

부비
부비…

아, 그러셨군요.
누굴 만나고
오셨는데요?

궁금도
해라.

힘!
이태백 선생,
두보 선생 등
주로 글로써 이름이
높으신 분들이지.

누구를 만나
사귀는가는 아주
중요한 일이니라.

특별히 친交
하고 싶은
옛 사람이 있다면
누구를 들겠느냐?

홍
길
동.

일
지
매.

임꺽정.

잉잉~~
벌 주실 거면
왜 물어보냐구.

다
「도둑」들만
얘기하니까
그렇지!

1 다음 밑줄 친 漢字語의 讀音을 쓰세요.

(1) 電球를 갈아 끼워야겠다.   (   )

(2) 한 가닥 光明의 빛줄기가 쏟아졌다.   (   )

(3) 일을 公正히 처리했다.   (   )

(4) 그의 의견에 전적으로 共感한다.   (   )

(5) 우리나라와 중국이 國交를 맺었다.   (   )

(6) 球場에 많은 관중이 들어왔다.   (   )

(7) 집 뒤에 果樹를 몇 그루 심었다.   (   )

(8) 내가 좋아하는 科目은 국어와 수학이다.   (   )

(9) 도형을 모양대로 區分했다.   (   )

(10) 자동차가 오래되어 古物이 되었다.   (   )

(11) 비밀이 언론에 公開되었다.   (   )

(12) 그는 功力을 들여 탑을 완성했다.   (   )

(13) 악어와 악어새는 서로 共生한다.   (   )

(14) 태양 光線은 직진한다.   (   )

(15) 우리 마을에 公共 도서관이 생겼다.   (   )

2 다음 漢字의 訓과 音을 쓰세요.

(1) 古 (   )   (2) 科 (   )

(3) 球 (   )   (4) 交 (   )

(5) 共 (   )   (6) 區 (   )

(7) 果 (   )   (8) 功 (   )

(9) 公 (   )   (10) 光 (   )

3 다음 밑줄 친 漢字語를 漢字로 쓰세요.

(1) 지구는 둥글다.   (   )

(2) 외교 사절이 방한했다.   (   )

(3) 그는 아버지의 든든한 후광을 입었다.   (   )

(4) 그는 과연 고금에 드문 명궁이다.   (   )

(5) 교육의 기회는 공평해야 한다.   (   )

(6) 실패는 성공의 어머니이다.   (   )

(7) 월드컵이 한국과 일본에서 공동으로 개최되었다. (   )

(8) 과학의 발전으로 생활이 편리해졌다.   (   )

(9) 도로의 일부 구간이 통제되었다.   (   )

(10) 기대 이상의 성과를 올렸다.   (   )

4 다음 漢字의 반의자(反義字) 또는 상대자(相對字)를 골라 그 번호를 쓰세요.

(1) 古 : ① 公 ② 今 ③ 右 ④ 左 　　　　　　　（　　　　　）

5 다음 (　　　)에 알맞은 漢字를 보기 에서 찾아 그 번호를 쓰세요.

> 보기
>
> ① 光　　② 公　　③ 古　　④ 中

(1) (　　　)明正大 : 하는 일이나 태도가 사사로움이나 그릇됨이 없이 아주 정당하고 떳떳함. 　　　　　　　　（　　　　　）

(2) 電(　　　)石火 : 번갯불이나 부싯돌의 불이 번쩍이는 것과 같이 매우 짧은 시간이나 재빠른 움직임 따위를 비유. 　（　　　　　）

6 다음 漢字와 뜻이 비슷한 漢字를 골라 그 번호를 쓰세요.

(1) 區 : ① 京 ② 開 ③ 分 ④ 面 　　　　　　　（　　　　　）

(2) 共 : ① 同 ② 公 ③ 計 ④ 高 　　　　　　　（　　　　　）

7 다음 중 소리(音)는 같으나 뜻(訓)이 다른 漢字를 골라 그 번호를 쓰세요.

(1) 功 : ① 工 ② 力 ③ 交 ④ 直 　　　　　　　（　　　　　）

(2) 古 : ① 角 ② 道 ③ 高 ④ 強 　　　　　　　（　　　　　）

(3) 球 : ① 感 ② 王 ③ 林 ④ 區 　　　　　　　（　　　　　）

8 다음 뜻과 소리를 가진 단어를 漢字로 쓰세요.

> 보기
>
> 몸무게.(체중) − (體重)

(1) 옛날 물건.(고물)   (   )

(2) 공평하고 올바름.(공정)   (   )

9 다음 漢字의 짙게 표시한 획은 몇 번째 쓰는 획인지 보기 에서 찾아 그 번호를 쓰세요.

> 보기
>
> ① 첫 번째   ② 두 번째   ③ 세 번째   ④ 네 번째
> ⑤ 다섯 번째   ⑥ 여섯 번째   ⑦ 일곱 번째   ⑧ 여덟 번째
> ⑨ 아홉 번째   ⑩ 열 번째   ⑪ 열한 번째   ⑫ 열두 번째

(1) 科 (   )   (2) 交 (   )

(3) 區 (   )

◎ 한자로 표현된 속담을 익혀 보세요.

談虎虎至 (담호호지)라

호랑이도 제 말 하면 온다.

談 : 말씀 담   虎 : 범 호   至 : 이를 지

 **6급** **①과정** 한자능력검정시험

 郡 고을 군

 根 뿌리 근

 近 가까울 근

 今 이제 금

 急 급할 급

級 등급 급

 多 많을 다

 短 짧을 단

 堂 집 당

 代 대신할 대

君 + 阝 = 郡

임금 군　　　우부방(고을 읍)

뜻을 나타내는 阝(우부방, 邑의 변형)과 음을 나타내는 君(임금 군)이
합쳐진 글자로, **고을**을 뜻합니다.

훈 **고을** 음 **군**　　阝(邑)부수 (총 10획)　　郡 郡 郡 郡 郡 郡 郡 郡 郡 郡

❖ 순서에 맞게 郡을 쓰고 훈과 음을 쓰세요.

郡	郡	郡	郡	郡
고을 군	고을 군	고을 군	고을 군	고을 군
郡	郡	郡	郡	郡

- ☐ 民 (군민) : 그 군(郡)에 사는 사람.　　　　　(民 : 백성 민)
- ☐ 邑 (군읍) : 군과 읍.　　　　　(邑 : 고을 읍)
- 유의어 – 洞 (골 동/밝을 통) 邑 (고을 읍)

根

木 + 艮 = 根
나무 목   어긋날 간

뜻을 나타내는 木(나무 목)과 음을 나타내는 艮(어긋날 간)이 합쳐진 글자로, **뿌리**를 뜻합니다.

훈 **뿌리** 음 **근**   木부수 (총 10획)

根 根 根 根 根 根 根 根 根 根

❖ 순서에 맞게 根 을 쓰고 훈과 음을 쓰세요.

根	根	根	根	根
뿌리 근	뿌리 근	뿌리 근	뿌리 근	뿌리 근
根	根	根	根	根

• 球 ☐ (구근) : 알뿌리.   (球 : 공 구)

• ☐ 本 (근본) : ① 초목의 뿌리. ② 사물의 본질이나 본바탕.   (本 : 근본 본)

• 유의어 – 本 (근본 본)

近

斤 + 辶 = 近

도끼 근   쉬엄쉬엄갈 착

뜻을 나타내는 辶(쉬엄쉬엄갈 착)과 음을 나타내는 斤(도끼 근)이 합쳐진 글자로, **가깝다**를 뜻합니다.

훈 **가까울** 음 **근**   辶(辵)부수 (총 8획)   近 近 近 近 近 近 近 近

❖ 순서에 맞게 近을 쓰고 훈과 음을 쓰세요.

近	近	近	近	近
가까울 근	가까울 근	가까울 근	가까울 근	가까울 근
近	近	近	近	近

- ☐ 來 (근래) : 가까운 요즈음.   (來 : 올 래)

- ☐ 親 (근친) : 촌수가 가까운 일가.   (親 : 친할 친)

- 상대 반의어 – 遠 (멀 원)   • 유의어 – 親 (친할 친)

윗부분은 거꾸로 놓여진 입이고, 아래쪽 가로선은 입 안에 들어 있는 물건을 나타내는데, **지금**을 뜻합니다.

훈 **이제** 음 **금**   人부수 (총 4획)

今 今 今 今

❖ 순서에 맞게 今을 쓰고 훈과 음을 쓰세요.

今	今	今	今	今
이제 금	이제 금	이제 금	이제 금	이제 금
今	今	今	今	今

- ☐ 年 (금년) : 올해.   (年 : 해 년)

- 東西古 ☐ (동서고금) : 동양과 서양, 옛날과 지금.
                        (東 : 동녘 동 西 : 서녘 서 古 : 예 고)

- 상대 반의어 – 古 (예 고) 昨 (어제 작)

急

及 → 彑 + 心 = 急

미칠 급　　　　　마음 심

남을 쫓아 따라가는(彑) 마음(心)이 조급하다는 데서 **급하다**를 뜻합니다.

훈 급할 음 급　　心부수 (총 9획)　　　急 急 急 急 急 急 急 急 急

❖ 순서에 맞게 急 을 쓰고 훈과 음을 쓰세요.

急	急	急	急	急
급할 급	급할 급	급할 급	급할 급	급할 급
急	急	急	急	急

- ☐ 死 (급사) : 갑자기 죽음.　　　　　　　　　　　　　　　　　　(死 : 죽을 사)

- ☐ 所 (급소) : ① 조금만 다쳐도 생명에 지장을 주는 몸의 중요한 부분.　　(所 : 바 소)
　　　　　　　　② 사물의 가장 중요한 곳.

- 유의어 – 速 (빠를 속)

急 급할 급

級

糸 + 及 = 級

실 사   미칠 급

뜻을 나타내는 糸(실 사)와 음을 나타내는 及(미칠 급)이 합쳐진 글자로,
차례, **등급**을 뜻합니다.

훈 **등급** 음 **급**   糸부수 (총 10획)

級 級 級 級 級 級 級 級 級 級

❖ 순서에 맞게 級을 쓰고 훈과 음을 쓰세요.

級	級	級	級	級
등급 급	등급 급	등급 급	등급 급	등급 급
級	級	級	級	級

- 等 ☐ **(등급)** : 높고 낮음이나 좋고 나쁨 따위의 차이를 여러 층으로 구분한 단계. (等 : 무리 등)

- ☐ 數 **(급수)** : 기술 따위를 우열에 따라 매긴 등급.   (數 : 셈 수)

- **동음이의어 – 急** (급할 급)

昍 ➡ 多 ➡ 多

두 덩어리의 고기가 나란히 놓여 있는 모습을 본뜬 글자로,
많다를 뜻합니다.

| 훈 **많을** 음 **다** | 夕부수 (총 6획) | | 多 多 多 多 多 多 |

❖ 순서에 맞게 **多** 를 쓰고 훈과 음을 쓰세요.

多	多	多	多	多
많을 다	많을 다	많을 다	많을 다	많을 다
多	多	多	多	多

- [ ] 讀 (다독) : 많이 읽음.　　　　　　　　　　　　　　　　(讀 : 읽을 독)

- 千萬 [ ] 幸 (천만다행) : 아주 다행함.　　　(千 : 일천 천 萬 : 일만 만 幸 : 다행 행)

- 상대 반의어 – 少 (적을 소)

矢 + 豆 = 短

화살 시   콩 두

뜻을 나타내는 矢(화살 시)와 음을 나타내는 豆(콩 두)가 합쳐진 글자로,
옛날에 화살로 짧은 물건의 길이를 잰다는 데서 **짧다**를 뜻합니다.

훈 **짧을** 음 **단**   矢부수 (총 12획) 短 短 短 短 短 短 短 短 短 短 短 短

❖ 순서에 맞게 短을 쓰고 훈과 음을 쓰세요.

短	短	短	短	短
짧을 단	짧을 단	짧을 단	짧을 단	짧을 단
短	短	短	短	短

- ☐ 文 (단문) : 짧은 글.   (文 : 글월 문)

- 一 長 一 ☐ (일장일단) : 일면의 장점과 다른 일면의 단점을 통틀어 이르는 말.
                                  (一 : 한 일 長 : 긴 장)

- 상대 반의어 - 長 (긴 장)

6급 빠리 따기

월   일   이름 | 확인

尙 + 土 = 堂

오히려(높을) 상   흙 토

흙(土)을 높이(尙) 쌓아 올린 위에 세운 네모난 건물인 **집**을 뜻합니다.

훈 **집** 음 **당**

土부수 (총 11획)

堂堂堂堂堂堂堂堂堂堂堂

❖ 순서에 맞게 堂을 쓰고 훈과 음을 쓰세요.

堂	堂	堂	堂	堂
집 당	집 당	집 당	집 당	집 당
堂	堂	堂	堂	堂

· 食 ☐ **(식당)** : ① 건물 안에 식사를 할 수 있게 시설을 갖춘 장소.   (食 : 밥/먹을 식)
② 음식을 만들어 손님들에게 파는 가게.

· 正正 ☐ ☐ **(정정당당)** : 태도나 수단이 정당하고 떳떳함.   (正 : 바를 정)

· 유의어 – 室 (집 실) 家 (집 가)

代

イ + 弋 = 代

사람 인   주살 익

弋은 양 끝이 갈라진 막대기를 본뜬 글자로, 사람(イ)이 막대기(弋)에 의지함에서 **대신하다**, **시대**를 뜻합니다.

훈 **대신할** 음 **대**

イ(人)부수 (총 5획)

代 代 代 代 代

❖ 순서에 맞게 代 를 쓰고 훈과 음을 쓰세요.

代	代	代	代	代
대신할 대	대신할 대	대신할 대	대신할 대	대신할 대
代	代	代	代	代

- ☐ **表** (대표) : 전체의 상태나 성질을 어느 하나로 잘 나타냄. (表 : 겉 표)

- 世 ☐ (세대) : 같은 시대에 살면서 공통의 의식을 가지는 비슷한 연령층의 사람 전체. (世 : 인간 세)

- **동음이의어** – 大 (큰 대) 對 (대할 대) 待 (기다릴 대)

만화로 한자를

代 대신할 대

어라? 못 보던 아인데…. 넌 누구냐?

애고~ 들켰네.

저도 신의가 있는 사람인데 쉽게 말 못하죠.

훌쩍

옳아! 오늘 자기는 서당 가기 싫으니 대신 가서 자리 채우고 있으라는 부탁을 받았구먼!

오늘 안뵈는 돌곤이일테고.

다 아시네요.

그녀석이 준 품삯에 알밤 두 개 얹어 주마. 이번엔 내 심부름 좀 해 주지 않으련?

유~

어허~ 좋다.

흔들·· 흔들

네 녀석! 오늘 잘 걸렸다!

깜짝!

훈장님께서 代신 혼내 주라고 기별하셨더라!

최고로 무서운 삼촌이닷!

잘잘 하군!

1 다음 밑줄 친 漢字語의 讀音을 쓰세요.

(1) 아리랑은 민족 문화의 代表이다.   (   )

(2) 양파는 球根 식물이다.   (   )

(3) 書堂 개 삼 년에 풍월을 읊는다.   (   )

(4) 多讀은 좋은 글을 쓰기 위한 밑거름이 된다.   (   )

(5) 교통사고로 急死했다.   (   )

(6) 그 악기는 高級이었다.   (   )

(7) 다음 근무자와 交代를 했다.   (   )

(8) 착하고 성실하다면 天堂에 갈 수 있다.   (   )

(9) 이 어촌에는 近海 어업이 발달했다.   (   )

(10) 우리 郡內에는 병원이 하나뿐이다.   (   )

(11) 그는 多感하고 정이 많은 사람이다.   (   )

(12) 영호는 자기 學級에서 키가 제일 크다.   (   )

(13) 今日 안으로 서류를 작성하시오.   (   )

(14) 비전 있는 사람이 時代를 앞서 간다.   (   )

(15) 영어 短文 독해가 어렵다.   (   )

2 다음 漢字의 訓과 音을 쓰세요.

(1) 多 (   )   (2) 急 (   )

(3) 根 (   )   (4) 堂 (   )

(5) 代 (   )   (6) 郡 (   )

(7) 今 (   )   (8) 短 (   )

(9) 級 (   )   (10) 近 (   )

3 다음 밑줄 친 漢字語를 漢字로 쓰세요.

(1) 그는 급소를 맞고 기절했다.   (   )

(2) 세대 간의 갈등을 해결해야 한다.   (   )

(3) 금년은 예년보다 추울 것이다.   (   )

(4) 발을 다쳐 걷는 데 다소 불편하다.   (   )

(5) 지금은 군민 축제 기간이다.   (   )

(6) 급수가 낮은 시험부터 도전하겠다.   (   )

(7) 근래에 전원주택이 부쩍 늘었다.   (   )

(8) 그 천재 수학자는 젊은 나이에 단명했다.   (   )

(9) 식당에 사람들로 붐볐다.   (   )

(10) 그는 근본이 좋은 사람이다.   (   )

4 다음 漢字의 반의자(反義字) 또는 상대자(相對字)를 골라 그 번호를 쓰세요.

(1) 多 : ① 月   ② 夕   ③ 少   ④ 方   (   )

(2) 今 : ① 古   ② 右   ③ 苦   ④ 前   (   )

(3) 近 : ① 道   ② 孝   ③ 有   ④ 遠   (   )

(4) 短 : ① 今   ② 長   ③ 來   ④ 根   (   )

5 다음 ( )에 알맞은 漢字를 [보기]에서 찾아 그 번호를 쓰세요.

> **보기**
>
> ① 室   ② 短   ③ 今   ④ 多

(1) 千萬( )幸 : 아주 다행함.   (   )

(2) 一長一( ) : 일면의 장점과 다른 일면의 단점을 통틀어 이르는 말.

                                                    (   )

(3) 東西古( ) : 동양과 서양, 옛날과 지금.   (   )

6 다음 漢字와 뜻이 비슷한 漢字를 골라 그 번호를 쓰세요.

(1) 堂 : ① 食   ② 天   ③ 室   ④ 短   (   )

(2) 郡 : ① 洞   ② 軍   ③ 同   ④ 共   (   )

7 다음 중 소리(音)는 같으나 뜻(訓)이 다른 漢字를 골라 그 번호를 쓰세요.

(1) 急 : ① 場   ② 韓   ③ 級   ④ 動   (   )

(2) 近 : ① 根   ② 住   ③ 車   ④ 問   (   )

8 다음 뜻과 소리를 가진 단어를 漢字로 쓰세요.

> **보기**
>
> 몸무게.(체중) − (體重)

(1) 올해.(금년)   (   )

(2) 길고 짧음.(장단)   (   )

9 다음 漢字의 짙게 표시한 획은 몇 번째 쓰는 획인지 **보기** 에서 찾아 그 번호를 쓰세요.

> **보기**
>
> ① 첫 번째   ② 두 번째   ③ 세 번째   ④ 네 번째
> ⑤ 다섯 번째   ⑥ 여섯 번째   ⑦ 일곱 번째   ⑧ 여덟 번째
> ⑨ 아홉 번째   ⑩ 열 번째   ⑪ 열한 번째   ⑫ 열두 번째

(1) 郡 (   )   (2) 急 (   )

(3) 代 (   )

◯ 한자로 표현된 속담을 익혀 보세요.

於異阿異 (어이아이)라

'어' 다르고 '아' 다르다.

於 : 어조사 어   異 : 다를 이   阿 : 언덕 아

6급 1과정 한자능력검정시험

 對 대할 대

 待 기다릴 대

 圖 그림 도

 度 법도 도
헤아릴 탁

 讀 읽을 독
구절 두

 童 아이 동

 頭 머리 두

 等 무리 등

 樂 즐길 락
노래 악
좋아할 요

 例 법식 례

對

촛대 모양　　　마디 촌

한 손(寸)에 촛대(丵)가 있는 촛불을 들고 있는 모습을 본뜬 글자로, **대답하다, 대하다**를 뜻합니다.

훈 **대할** 음 **대**　　寸부수 (총 14획)　　對 對 對 對 對 對 對 對 對 對 對

❖ 순서에 맞게 對 를 쓰고 훈과 음을 쓰세요.

對	對	對	對	對
대할 대	대할 대	대할 대	대할 대	대할 대
對	對	對	對	對

- ☐ 話 (대화) : 마주 대하여 이야기를 주고받음.　　　　　　　　(話 : 말씀 화)

- ☐ 答 (대답) : ① 부르는 말에 응하여 어떤 말을 함.　　　　　　(答 : 대답 답)
　　　　　② 상대가 묻거나 요구하는 것에 대하여 해답이나 제 뜻을 말함.

- **동음이의어 – 大** (큰 대) **代** (대신할 대) **待** (기다릴 대)

彳 + 寺 = 待

조금 걸을 척　　　절 사

彳(조금 걸을 척)과 寺(절 사)가 합쳐진 글자로, 무엇인가 행동하기 위해 준비를 갖추고 때가 오기를 기다린다는 데서 **기다리다**를 뜻합니다.

훈 기다릴 음 대　　彳부수 (총 9획)

待 待 待 待 待 待 待 待 待

❖ 순서에 맞게 待를 쓰고 훈과 음을 쓰세요.

待	待	待	待	待
기다릴 대	기다릴 대	기다릴 대	기다릴 대	기다릴 대
待	待	待	待	待

· 苦 ☐ (고대) : 몹시 기다림.　　　　　　　(苦 : 쓸 고)

· ☐ 合室 (대합실) : 공공시설에서 손님이 기다리며 머물 수 있도록 마련한 곳.
　　　　　　　　　　　　　　　　(合 : 합할 합　室 : 집 실)

· 동음이의어 – 大 (큰 대)　代 (대신할 대)　對 (대할 대)

圖

鄙 ➡ 啚 + 囗 = 圖

행정 구역 이름 비　　　　　　큰 입구

지도의 테두리를 나타낸 囗와 변경 지방을 뜻하는 鄙(비)의 생략형을 합해 일정한 토지에서 농토를 나누어 그리는 데서 **그리다**를 뜻합니다.

훈 **그림** 음 **도**　　　囗부수 (총 14획)　　　圖 圖 圖 圖 圖 圖 圖 圖 圖

❖ 순서에 맞게 圖 를 쓰고 훈과 음을 쓰세요.

圖	圖	圖	圖	圖
그림 도	그림 도	그림 도	그림 도	그림 도
圖	圖	圖	圖	圖

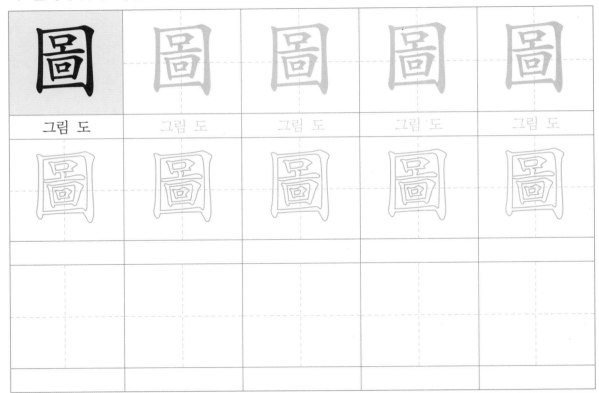

- ☐ **面** (도면) : 건축 따위의 구조나 설계 등을 기하학적으로 나타낸 그림.　　(面 : 낯 면)

- **地** ☐ (지도) : 지구 표면을 일정한 비율로 줄여, 이를 약속된 기호로 평면에 나타낸 그림.

　(地 : 땅 지)

- 유의어 – **畫** (그림 화)

월   일   이름 | 확인

度

庶 + 又 = 度

여러 서   또 우(손 모양)

庶(여러 서)와 又(또 우)가 합쳐진 글자로, 여러 가지 사항을 손으로 헤아린다는 데서 **법도**를 뜻합니다.

요만큼...

훈 법도/헤아릴 음 도/탁   广 부수 (총 9획)

度 度 度 度 度 度 度 度 度

❖ 순서에 맞게 度 를 쓰고 훈과 음을 쓰세요.

度	度	度	度	度
법도 도/헤아릴 탁	법도 도/헤아릴 탁	법도 도/헤아릴 탁	법도 도/헤아릴 탁	법도 도/헤아릴 탁
度	度	度	度	度

· 溫 ☐ **(온도)** : 따뜻함과 차가움의 정도. 또는 그것을 나타내는 수치.   (溫 : 따뜻할 온)

· 高 ☐ **(고도)** : 평균 해수면 따위를 0으로 하여 측정한 대상 물체의 높이.   (高 : 높을 고)

· 유의어 – 例 (법식 례) 式 (법 식)

讀

言 + 賣 = 讀
말씀 언   팔 매

뜻을 나타내는 言(말씀 언)과 음을 나타내는 賣(팔 매)가 합쳐진 글자로,
읽다를 뜻합니다.

훈 읽을/구절 음 독/두   言부수 (총 22획)   讀 讀 讀 讀 讀 讀 讀 讀 讀 讀

❖ 순서에 맞게 讀을 쓰고 훈과 음을 쓰세요.

讀	讀	讀	讀	讀
읽을 독 / 구절 두	읽을 독 / 구절 두	읽을 독 / 구절 두	읽을 독 / 구절 두	읽을 독 / 구절 두
讀	讀	讀	讀	讀

- ☐ 書 (독서) : 책을 읽음.   (書 : 글 서)

- ☐ 者 (독자) : 책, 신문, 잡지 따위의 글을 읽는 사람.   (者 : 놈 자)

圖 그림 도

오늘은 특별 활동으로 그림 그리기 시간을 갖도록 하겠다.

에이~ 서당에서 무슨 그림을 그려요?

어허~ 모르는 소리! 자고로 선비는 난도 치고 국화도 그려 가며 마음을 깨끗이 하였느니라.

모두들 실력 발휘를 해 보거라.

정절의 상징 대나무 어때요?

그걸 그린다고 먹으로 먹을 감았느냐?

황소 그림 입니다요.

미인圖 이옵니다.

美人圖

참, 미인 이로구나!

기대할 사람은 너 밖에 없구나. 뭘 그렸느냐?

이건 함부로 보여 드릴 수가 없습니다요.

후다닥!

보물 지圖 라서요.

쿵!

童

立 + 里 = 童
설 립   마을 리

마을(里)에 서(立) 있는 **어린아이**를 뜻합니다.

훈 **아이** 음 **동**   立부수 (총 12획)

童 童 童 童 童 童 童 童

❖ 순서에 맞게 童 을 쓰고 훈과 음을 쓰세요.

童	童	童	童	童
아이 동	아이 동	아이 동	아이 동	아이 동
童	童	童	童	童

- ☐ 子 **(동자)** : 남자아이.   (子 : 아들 자)

- ☐ 話 **(동화)** : 어린이를 위하여 동심을 바탕으로 지은 이야기.   (話 : 말씀 화)

- **동음이의어** - 東 (동녘 동) 冬 (겨울 동) 同 (한가지 동) 洞 (골 동/밝을 통) 動 (움직일 동)

豆 + 頁 = 頭

콩 두   머리 혈

뜻을 나타내는 頁(머리 혈)과 음을 나타내는 豆(콩 두)가 합쳐진 글자로, **머리**를 뜻합니다.

훈 **머리** 음 **두**   頁부수 (총 16획)   頭 頭 頭 頭 頭 頭 頭 頭 頭 頭

❖ 순서에 맞게 頭를 쓰고 훈과 음을 쓰세요.

頭	頭	頭	頭	頭
머리 두	머리 두	머리 두	머리 두	머리 두
頭	頭	頭	頭	頭

· 先☐ (선두) : 대열이나 행렬, 활동 따위에서 맨 앞.   (先 : 먼저 선)

· ☐角 (두각) : ① 짐승의 머리에 있는 뿔. ② 뛰어난 학식이나 재능.   (角 : 뿔 각)

等

竹 + 寺 = 等

대 죽　　절(관청) 사

관청(寺)에서 쓰는 서류를 대쪽(竹)처럼 가지런히 정리하여 순서대로 놓는다는 데서 **같다, 등급**을 뜻합니다.

훈 **무리** 음 **등**　　竹부수 (총 12획)　　等 等 等 等 等 等 等 等 等 等

❖ 순서에 맞게 等 을 쓰고 훈과 음을 쓰세요.

等	等	等	等	等
무리 등	무리 등	무리 등	무리 등	무리 등
等	等	等	等	等

• 平 ☐ (평등) : 권리, 의무, 자격 등이 차별 없이 고르고 한결같음.　　(平 : 평평할 평)

• ☐ 數 (등수) : 등급에 따라 정한 차례.　　(數 : 셈 수)

• 동음이의어 – 登 (오를 등)

 ▶ ▶

나무 받침대 위에 북과 방울 등의 악기가 놓여 있는 모습을 본뜬 글자로,
즐기다, 노래, 좋아하다를 뜻합니다.

훈 **즐길** 음 **락**
노래 악/좋아할 요

木부수 (총 15획)   樂 樂 樂 樂 樂 樂 樂 樂 樂 樂 樂

❖ 순서에 맞게 樂을 쓰고 훈과 음을 쓰세요.

樂	樂	樂	樂	樂
즐길 락	즐길 락	즐길 락	즐길 락	즐길 락
樂	樂	樂	樂	樂

· ☐園 (낙원) : 아무런 괴로움이나 고통이 없이 안락하게 살 수 있는 즐거운 곳. (園 : 동산 원)

· 音☐ (음악) : 목소리나 악기를 통하여 사상 또는 감정을 나타내는 예술.   (音 : 소리 음)

· ☐山☐水 (요산요수) : 산수의 자연을 즐기고 좋아함.   •상대 반의어 – 苦 (쓸 고)
                    (山 : 메 산 水 : 물 수)

例

イ ＋ 列 ＝ 例

사람 인　　　벌일 렬

사람(イ)이 나란히 줄을 지어(列) 서 있다는 데서 **법식**을 뜻합니다.

훈 **법식** 음 **례**　　イ(人)부수 (총 8획)　　例 例 例 例 例 例 例 例

❖ 순서에 맞게 例를 쓰고 훈과 음을 쓰세요.

例	例	例	例	例
법식 례	법식 례	법식 례	법식 례	법식 례
例	例	例	例	例

- 事☐ **(사례)** : 어떤 일이 전에 실제로 일어난 예.　　　　　　　　(事 : 일 사)

- ☐文 **(예문)** : 설명을 위한 본보기가 되는 문장.　　　　　　(文 : 글월 문)

- 동음이의어 – 禮 (예도 례)

頭 머리 두

이 녀석들아! 시간을 쪼개어 공부해도 어려운데

허구헌 날 놀 궁리만 하면서 어찌 과거 급제를 바라겠느냐!

히~

너무 심려 마세요.

오성과 한음이도 장난이 무척 심했었잖아요.

맞아!

그분들은 장난도 심했지만 공부도 잘하셨어.

비교할걸 비교해야지!

샥!

뚝!

어릴 때 공부 못했어도 훌륭하게 된 사람은 많잖아요.

그게 누군데!

이히히, 바보 온달이요.

깩

어이구, 頭통이야.

훈장님이 두통이시 란다!

큰일 이네?

두통에는 칡뿌리에 감초를 달여 먹으면 즉효래.

훈장님을 위해 약초 캐러 가자!

절대로 그 핑계로 놀러 가는 거 아니지?

그려엉

1 다음 밑줄 친 漢字語의 讀音을 쓰세요.

(1) 이 그림은 <u>童心</u>의 세계를 잘 나타내었다.   (   )

(2) 그는 학업에 남다른 <u>頭角</u>을 나타내었다.   (   )

(3) 시험에서 높은 <u>等數</u>를 받았다.   (   )

(4) 달리기에서 <u>一等</u>으로 결승선을 통과했다.   (   )

(5) 가을은 <u>讀書</u>하기에 좋은 계절이다.   (   )

(6) 선생님의 질문에 <u>對答</u>했다.   (   )

(7) 공항 <u>待合室</u>에 사람들이 많다.   (   )

(8) 설계 <u>圖面</u>에 따라 건물을 지었다.   (   )

(9) 실내 <u>溫度</u>가 매우 높다.   (   )

(10) 다음 <u>例文</u>을 읽고 물음에 답하시오.   (   )

(11) <u>讀者</u>와 작가의 만남이 이루어졌다.   (   )

(12) 라디오에서 신 나는 <u>音樂</u>이 흘러나온다.   (   )

(13) 그들은 <u>對等</u>한 관계에 있다.   (   )

(14) 이곳은 지상 <u>樂園</u>이다.   (   )

(15) 안경 <u>度數</u>가 맞지 않아 안경을 새로 맞췄다.   (   )

2 다음 漢字의 訓과 音을 쓰세요.

(1) 童 (   )   (2) 圖 (   )

(3) 對 (   )   (4) 樂 (   )

(5) 頭 (   )   (6) 等 (   )

(7) 例 (   )   (8) 讀 (   )

(9) 度 (   )   (10) 待 (   )

3 다음 밑줄 친 漢字語를 漢字로 쓰세요.

(1) 책을 읽은 후 독후감을 썼다.   (   )

(2) 아이들은 소풍날만을 고대했다.   (   )

(3) 모든 국민은 법 앞에서 평등하다.   (   )

(4) 비행기가 고도를 유지하며 날았다.   (   )

(5) 친구와 정답게 대화합니다.   (   )

(6) 구체적인 사례를 들어 설명했다.   (   )

(7) 달리기에서 선두로 나섰다.   (   )

(8) 지도를 보고 길을 찾아갔다.   (   )

(9) 그는 고락을 함께한 친구이다.   (   )

(10) 엄마가 아이에게 동화를 읽어 주었다.   (   )

4 다음 漢字의 반의자(反義字) 또는 상대자(相對字)를 골라 그 번호를 쓰세요.

(1) 樂 : ① 高 ② 等 ③ 古 ④ 苦   (   )

5 다음 (   )에 알맞은 漢字를 보기 에서 찾아 그 번호를 쓰세요.

보기

① 古   ② 苦   ③ 對   ④ 樂

(1) 樂山(   )水 : 산수의 자연을 즐기고 좋아함.   (   )

6 다음 漢字와 뜻이 비슷한 漢字를 골라 그 번호를 쓰세요.

(1) 圖 : ① 區 ② 畫 ③ 國 ④ 面   (   )

(2) 度 : ① 算 ② 郡 ③ 式 ④ 頭   (   )

7 다음 중 소리(音)는 같으나 뜻(訓)이 다른 漢字를 골라 그 번호를 쓰세요.

(1) 待 : ① 答 ② 郡 ③ 短 ④ 代   (   )

(2) 童 : ① 讀 ② 重 ③ 動 ④ 車   (   )

(3) 等 : ① 急 ② 登 ③ 對 ④ 級   (   )

8 다음 뜻과 소리를 가진 단어를 漢字로 쓰세요.

> **보기**
>
> 몸무게.(체중) - (體重)

(1) 몹시 기다림.(고대) (   )

(2) 남자아이.(동자) (   )

9 다음 漢字의 짙게 표시한 획은 몇 번째 쓰는 획인지 **보기**에서 찾아 그 번호를 쓰세요.

> **보기**
>
> ① 첫 번째 ② 두 번째 ③ 세 번째 ④ 네 번째
> ⑤ 다섯 번째 ⑥ 여섯 번째 ⑦ 일곱 번째 ⑧ 여덟 번째
> ⑨ 아홉 번째 ⑩ 열 번째 ⑪ 열한 번째 ⑫ 열두 번째

(1) 度 (   )

(2) 等 (   )

(3) 圖 (   )

○ 한자로 표현된 속담을 익혀 보세요.

男兒一言_은 重千金_{이라}
(남 아 일 언   중 천 금)

남자의 한 마디 말은 천금보다 무겁다.

오늘부터 생활 계획표대로 할 거예요.

생활계획

좋은 일이지.

계획대로 밥 먹고, 공부하고, 놀고….

어이구, 얼마나 갈지 모르겠네.

근데 뭔가 이상하네. 새벽 한 시까지 컴퓨터하겠다는 생활 계획표가 어디 있니?

공부 컴퓨터 저녁

잘못 그렸어요.

'남아일언 중천금'이라고 끝까지 지킬 거예요.

당장 자.

성냥 개비

男 : 사내 남   兒 : 아이 아   一 : 한 일   言 : 말씀 언   重 : 무거울 중   千 : 일천 천   金 : 쇠 금

6급 1과정 한자능력검정시험

 禮 예도 례

 路 길 로

 綠 푸를 록

理 다스릴 리

 利 이할 리

 李 오얏/성 리

 明 밝을 명

 目 눈 목

 聞 들을 문

 米 쌀 미

示 + 豊 = 禮

보일 시(제단 모양)   풍성할 풍

제단(示)에 음식을 풍성하게(豊) 차려 놓고 예의를 다하였다는 데서 **예도**를 뜻합니다.

훈 **예도** 음 **례**   示부수 (총 18획)   禮禮禮禮禮禮禮禮禮禮禮

❖ 순서에 맞게 禮를 쓰고 훈과 음을 쓰세요.

禮	禮	禮	禮	禮
예도 례	예도 례	예도 례	예도 례	예도 례
禮	禮	禮	禮	禮

- 答☐ **(답례)**: 말, 동작, 물건 따위로 남에게서 받은 예를 도로 갚음.   (答 : 대답 답)

- ☐服 **(예복)**: 의식을 치르거나 특별히 예절을 차릴 때 입는 옷.   (服 : 옷 복)

- 동음이의어 – 例 (법식 례)

足 + 各 = 路

발 족　　　각각 각

사람들이 각각(各) 발(足)로 걸어 다니는 곳이라는 데서 **길**을 뜻합니다.

훈 길 음 로　　　足부수 (총 13획)　　　路 路 路 路 路 路 路 路 路 路 路

❖ 순서에 맞게 路 를 쓰고 훈과 음을 쓰세요.

路	路	路	路	路
길 로	길 로	길 로	길 로	길 로
路	路	路	路	路

• 道 ☐ (도로) : 사람, 차 따위가 잘 다닐 수 있도록 만들어 놓은 비교적 넓은 길. (道: 길 도)

• ☐ 線 (노선) : 일정한 두 지점을 정기적으로 오가는 교통선.　　　(線 : 줄 선)

• 유의어 – 道 (길 도)

糸 + 彔 = 綠

실 사 　 나무 깎을 록

뜻을 나타내는 糸(실 사)와 음을 나타내는 彔(나무 깎을 록)이 합쳐진
글자로, **푸르다**를 뜻합니다.

훈 **푸를** 음 **록** 　 糸부수 (총 14획) 綠 綠 綠 綠 綠 綠 綠 綠 綠 綠 綠 綠

❖ 순서에 맞게 綠을 쓰고 훈과 음을 쓰세요.

綠	綠	綠	綠	綠
푸를 록	푸를 록	푸를 록	푸를 록	푸를 록
綠	綠	綠	綠	綠

- ☐色 **(녹색)** : 초록색. 파랑과 노랑의 중간색. 　　　　 (色 : 빛 색)

- 草☐同色 **(초록동색)** : 풀빛과 녹색은 같은 색이라는 뜻으로, 같은 처지에 있는 사람들
끼리 어울림. 　 (草 : 풀 초 同 : 한가지 동 色 : 빛 색)

- 유의어 – 靑 (푸를 청)

理

玉 ➡ 王 + 里 = 理
구슬 옥   마을 리

뜻을 나타내는 玉(구슬 옥)과 음을 나타내는 里(마을 리)가 합쳐진 글자로,
다스리다를 뜻합니다.

훈 **다스릴** 음 **리**   玉부수 (총 11획)   理 理 理 理 理 理 理 理 理 理 理

❖ 순서에 맞게 理를 쓰고 훈과 음을 쓰세요.

理	理	理	理	理
다스릴 리	다스릴 리	다스릴 리	다스릴 리	다스릴 리
理	理	理	理	理

· 天 ☐ (천리) : 하늘의 바른 도리.   (天 : 하늘 천)

· 道 ☐ (도리) : 사람이 어떤 입장에서 마땅히 행하여야 할 바른 길.   (道 : 길 도)

· 동음이의어 – 里 (마을 리) 利 (이할 리) 李 (오얏/성 리)

칼(刂)로 벼(禾)를 베고 있는 데서 **날카롭다**, **이롭다**를 뜻합니다.

훈 **이할** 음 **리**   刂(刀)부수 (총 7획)   利 利 利 利 利 利 利

❖ 순서에 맞게 利를 쓰고 훈과 음을 쓰세요.

利	利	利	利	利
이할 리	이할 리	이할 리	이할 리	이할 리
利	利	利	利	利

- [　]用 **(이용)** : 대상을 필요에 따라 이롭게 씀.   (用 : 쓸 용)

- 便[　] **(편리)** : 편하고 이로우며 이용하기 쉬움.   (便 : 편할 편)

- 동음이의어 – 里 (마을 리) 理 (다스릴 리) 李 (오얏/성 리)

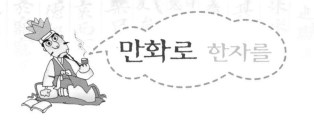
禮 예도 례

李

木 + 子 = 李

나무 목   아들 자

뜻을 나타내는 木(나무 목)과 음을 나타내는 子(아들 자)가 합쳐진 글자로,
오얏나무(자두나무)를 뜻합니다.

훈 **오얏/성** 음 **리**   木부수 (총 7획)

李 李 李 李 李 李 李

❖ 순서에 맞게 李 를 쓰고 훈과 음을 쓰세요.

李	李	李	李	李
오얏/성 리	오얏/성 리	오얏/성 리	오얏/성 리	오얏/성 리
李	李	李	李	李

- ☐ 花 **(이화)** : 자두나무의 꽃.   (花 : 꽃 화)

- ☐ 白 **(이백)** : 중국 당나라의 시인. 자는 태백.   (白 : 흰 백)

- **동음이의어** – 里 (마을 리) 理 (다스릴 리) 利 (이할 리)

明

日 + 月 = 明
날 일　　　달 월

해(日)와 달(月)이 함께 있음에서 **밝다**를 뜻합니다.

훈 **밝을** 음 **명**　　日부수 (총 8획)

明 明 明 明 明 明 明 明

❖ 순서에 맞게 明을 쓰고 훈과 음을 쓰세요.

明	明	明	明	明
밝을 명	밝을 명	밝을 명	밝을 명	밝을 명
明	明	明	明	明

· ☐ 月 (명월) : 밝은 달.　　　　　　　　　　　　　　　　　(月 : 달 월)

· 光 ☐ (광명) : 밝고 환함.　　　　　　　　　　　　　　　　(光 : 빛 광)

· 明明白白 (명명백백) : 의심할 여지가 없이 아주 뚜렷함.　　(白 : 흰 백)

目

사람의 **눈** 모양을 본뜬 한자입니다.

훈 **눈** 음 **목**   目부수 (총 5획)   目 目 目 目 目

❖ 순서에 맞게 目 을 쓰고 훈과 음을 쓰세요.

目	目	目	目	目
눈 목	눈 목	눈 목	눈 목	눈 목
目	目	目	目	目

- 名 ☐ (명목): 겉으로 내세우는 이름.   (名 : 이름 명)

- 題 ☐ (제목): 작품 · 강연 등에서 그것을 대표하거나 내용을 보이기 위해 붙이는 이름.
     (題 : 제목 제)

- 동음이의어 – 木 (나무 목)

聞

 ⇒ 間 ⇒ 聞

사람이 꿇어앉아 손으로 귀(耳)를 쫑긋 세워 소리를 듣고 있는 모습을 본뜬 글자로, **듣다**를 뜻합니다.

훈 **들을** 음 **문**　　　耳부수 (총 14획)　　　聞聞聞聞聞聞聞聞聞

❖ 순서에 맞게 聞 을 쓰고 훈과 음을 쓰세요.

聞	聞	聞	聞	聞
들을 문	들을 문	들을 문	들을 문	들을 문
聞	聞	聞	聞	聞

• 所☐ (소문) : 사람들 입에 오르내려 전하여 들리는 말.　　　　　　　(所 : 바 소)

• 新☐ (신문) : 사회에서 발생한 사건에 대한 사실이나 해설을 널리 신속하게 전달하기 위한 정기 간행물.　　　　　　　　　　　　　　　(新 : 새 신)

• 동음이의어 – 門 (문 문)　文 (글월 문)　問 (물을 문)

米

그릇 안에 흩어져 있는 쌀알의 모양을 본뜬 글자로, **쌀**을 뜻합니다.

훈 **쌀** 음 **미**	米부수 (총 6획)	米 米 米 米 米 米

❖ 순서에 맞게 米 를 쓰고 훈과 음을 쓰세요.

米	米	米	米	米
쌀 미	쌀 미	쌀 미	쌀 미	쌀 미
米	米	米	米	米

- 白 [　] (백미) : 흰쌀.   (白 : 흰 백)

- [　] 飮 (미음) : 입쌀이나 좁쌀에 물을 충분히 붓고 푹 끓여 체에 걸러 낸 걸쭉한 음식.
                                                            (飮 : 마실 음)

- **동음이의어 –** 美 (아름다울 미)

만화로 한자를

明 밝을 명

우당탕~

잠시만 자리를 비우면 저 모양이니…

와글 와글

一字書堂

아이고~ 훈장님이 아끼시던 벼루가 깨졌다!

와장창!

네 이녀석들!

왈칵!

어찌 틈만 나면 떠들고 뛰는 등 말썽을 피우느냐!

말썽이라뇨? 저희는 글만 읽고 있었는데요.

그러게.

조용~ 낼의 달월 촬영 기울속…

이 벼루가 깨진 걸 보면 明 백하지 않느냐?

가만 있는 게 깨질리 없고!

멀쩡하기만 한데 왜 그러실까?

잘못 보실 수도 있겠지.

녀석들 술책에 또 넘어갔구나.

1 다음 밑줄 친 漢字語의 讀音을 쓰세요.

(1) 아버지는 <u>新聞</u>을 읽고 계신다.   (   )

(2) 이곳을 지나는 새로운 버스 <u>路線</u>이 생겼다.   (   )

(3) 영화 <u>題目</u>이 생각이 나지 않는다.   (   )

(4) 아픈 어머니를 위해 <u>米飮</u>을 끓였다.   (   )

(5) 자원을 효율적으로 <u>利用</u>해야 한다.   (   )

(6) <u>李花</u>가 아름답게 피었다.   (   )

(7) 이곳이 바로 <u>明堂</u>이다.   (   )

(8) <u>禮服</u>을 갖추고 식장에 들어섰다.   (   )

(9) 그는 <u>目禮</u>를 하며 지나갔다.   (   )

(10) <u>天理</u>를 어기는 일은 하지 마라.   (   )

(11) 그는 서울 <u>地理</u>를 잘 안다.   (   )

(12) 벼농사 짓기에 <u>有利</u>한 곳이다.   (   )

(13) 우리 마을에는 많은 <u>綠地</u>가 조성되어 있다.   (   )

(14) 눈이 와 <u>路面</u>이 미끄럽다.   (   )

(15) 잘못을 저질러 부모님 볼 <u>面目</u>이 없다.   (   )

2 다음 漢字의 訓과 音을 쓰세요.

(1) 路 (　　　　) 　　 (2) 理 (　　　　)

(3) 李 (　　　　) 　　 (4) 目 (　　　　)

(5) 聞 (　　　　) 　　 (6) 禮 (　　　　)

(7) 綠 (　　　　) 　　 (8) 米 (　　　　)

(9) 明 (　　　　) 　　 (10) 利 (　　　　)

3 다음 밑줄 친 漢字語를 漢字로 쓰세요.

(1) 녹색 물감으로 나뭇잎을 색칠했다. 　　 (　　　　)

(2) 사람들은 편리한 것을 추구한다. 　　 (　　　　)

(3) 답례하는 뜻으로 선물을 준비했다. 　　 (　　　　)

(4) 연로하신 부모님을 모시는 것은 자식의 도리이다. (　　　　)

(5) 도로를 넓히는 공사가 한창이다. 　　 (　　　　)

(6) 그것은 명백한 사실이다. 　　 (　　　　)

(7) 환자의 심리 상태가 불안하다. 　　 (　　　　)

(8) 소문은 한 귀로 듣고 한 귀로 흘려버려도 된다. 　　 (　　　　)

(9) 백미보다는 현미가 건강에 좋다고 한다. 　　 (　　　　)

(10) 그 학생은 모든 과목에서 우수한 성적을 냈다. 　　 (　　　　)

4 다음 漢字의 반의자(反義字) 또는 상대자(相對字)를 골라 그 번호를 쓰세요.

(1) 問 : ① 開 ② 答 ③ 門 ④ 間   (   )

(2) 春 : ① 夏 ② 秋 ③ 冬 ④ 弟   (   )

5 다음 (   )에 알맞은 漢字를 보기 에서 찾아 그 번호를 쓰세요.

> **보기**
>
> ① 明   ② 命   ③ 靑   ④ 綠

(1) 草(   )同色 : 풀색과 녹색은 같은 색이라는 뜻으로, 같은 처지에 있는 사람들끼리 어울림.   (   )

(2) (   )明白白 : 의심할 여지가 없이 아주 뚜렷함. (   )

6 다음 漢字와 뜻이 비슷한 漢字를 골라 그 번호를 쓰세요.

(1) 綠 : ① 白 ② 靑 ③ 百 ④ 理   (   )

(2) 路 : ① 例 ② 方 ③ 各 ④ 道   (   )

7 다음 중 소리(音)는 같으나 뜻(訓)이 다른 漢字를 골라 그 번호를 쓰세요.

(1) 禮 : ① 例 ② 理 ③ 樂 ④ 來   (   )

(2) 聞 : ① 間 ② 物 ③ 開 ④ 問   (   )

(3) 利 : ① 界 ② 米 ③ 李 ④ 植   (   )

8 다음 뜻과 소리를 가진 단어를 漢字로 쓰세요.

> 보기
>
> 몸무게.(체중) — (體重)

(1) 밝은 달.(명월)   (   )

(2) 흰쌀.(백미)   (   )

9 다음 漢字의 짙게 표시한 획은 몇 번째 쓰는 획인지 보기 에서 찾아 그 번호를 쓰세요.

> 보기
>
> ① 첫 번째   ② 두 번째   ③ 세 번째   ④ 네 번째
> ⑤ 다섯 번째   ⑥ 여섯 번째   ⑦ 일곱 번째   ⑧ 여덟 번째
> ⑨ 아홉 번째   ⑩ 열 번째   ⑪ 열한 번째   ⑫ 열두 번째

(1) 路 (   )   (2) 米 (   )

(3) 綠 (   )

● 한자로 표현된 속담을 익혀 보세요.

無足之言이 飛于千里라
(무 족 지 언   비 우 천 리)
발 없는 말이 천리 간다.

無 : 없을 무   足 : 발 족   之 : 어조사 지   言 : 말씀 언
飛 : 날 비   于 : 어조사 우   千 : 일천 천   里 : 마을 리

☀ 부록 ☀

8급(50자) 한자를 복습합니다.
6급 · 6급 Ⅱ 시험의 쓰기 범위가 되니
능숙하게 쓸 수 있도록
연습하세요.

❖ 다음 한자의 훈음을 알아보고 빈칸에 알맞게 쓰세요.

校	校	校				
학교 교	校 校 校 校 校 校 校 校 校 校					
木 – 총 10획	校門(교문) 學校(학교) 校長(교장) 登校(등교)					

教	教	教				
가르칠 교	教 教 教 教 教 教 教 教 教 教 教					
攵(攴)– 총 11획	教人(교인) 教室(교실) 教生(교생)					

*상대 반의어 : 學(배울 학) *유의어 : 訓(가르칠 훈)

九	九	九				
아홉 구	九 九					
乙 – 총 2획	十中八九(십중팔구) 九月(구월) 九日(구일)					

國	國	國				
나라 국	國 國 國 國 國 國 國 國 國 國 國					
囗 – 총 11획	母國(모국) 國民(국민) 國家(국가)					

❖ 다음 한자의 훈음을 알아보고 빈칸에 알맞게 쓰세요.

軍	軍	軍				
군사 군	軍 軍 軍 軍 軍 軍 軍 軍 軍					
車 – 총 9획	軍人(군인)　國軍(국군)　軍旗(군기)　軍歌(군가)					

金	金	金				
쇠금 / 성김	金 金 金 金 金 金 金 金					
金 – 총 8획	金九(김구)　金色(금색)　出金(출금)　年金(연금)					

南	南	南				
남녘 남	南 南 南 南 南 南 南 南 南					
十 – 총 9획	南韓(남한)　南大門(남대문)　南山(남산)　南海(남해)					

*상대 반의어 : 北(북녘 북)

女	女	女				
계집 녀	女 女 女					
女 – 총 3획	女軍(여군)　女子(여자)　母女(모녀)　長女(장녀)　孝女(효녀)					

*상대 반의어 : 男(사내 남), 子(아들 자)

❖ 다음 한자의 훈음을 알아보고 빈칸에 알맞게 쓰세요.

年	年	年				
해 년	年 年 年 年 年 年					
干 – 총 6획	中年(중년)　生年月日(생년월일)　來年(내년)　年老(연로)　年上(연상)					

大	大	大				
큰 대	大 大 大					
大 – 총 3획	大學(대학)　大門(대문)　大家(대가)　大地(대지)　大氣(대기)					

*상대 반의어 : 小(작을 소) *유의어 : 太(클 태)

東	東	東				
동녘 동	東 東 東 東 東 東 東 東					
木 – 총 8획	東大門(동대문)　東海(동해)　東方(동방)　東洋(동양)					

*상대 반의어 : 西(서녘 서)

六	六	六				
여섯 륙	六 六 六 六					
八 – 총 4획	六月(유월)　六日(육일)　六百(육백)　六寸(육촌)					

❖ 다음 한자의 훈음을 알아보고 빈칸에 알맞게 쓰세요.

萬	萬	萬				
일만 만	萬 萬 萬 萬 萬 萬 萬 萬 萬 萬 萬 萬 萬					
艹 – 총 13획	萬民(만민)　萬里(만리)　萬國旗(만국기)					

母	母	母				
어미 모	母 母 母 母 母					
毋 – 총 5획	母女(모녀)　父母(부모)　生母(생모)　母國(모국)　母校(모교)					

＊상대 반의어 : 父(아비 부)

木	木	木				
나무 목	木 木 木 木					
木 – 총 4획	木手(목수)　木工(목공)　土木(토목)					

＊유의어 : 樹(나무 수)

門	門	門				
문 문	門 門 門 門 門 門 門 門					
門 – 총 8획	正門(정문)　後門(후문)　校門(교문)　家門(가문)					

❖ 다음 한자의 훈음을 알아보고 빈칸에 알맞게 쓰세요.

民	民	民				
백성 민	民 民 民 民 民					
氏 - 총 5획	國民(국민) 民心(민심) 市民(시민) 民家(민가)					

白	白	白				
흰 백	白 白 白 白 白					
白 - 총 5획	白花(백화) 白軍(백군) 白人(백인) 白衣(백의)					

父	父	父				
아비 부	父 父 父 父					
父 - 총 4획	父母(부모) 父子(부자) 祖父(조부) 父女(부녀)					

＊상대 반의어 : 母(어미 모), 子(아들 자), 女(계집 녀)

北	北	北				
북녘 북/달아날 배	北 北 北 北 北					
ヒ - 총 5획	北方(북방) 北韓(북한) 南北(남북)					

＊상대 반의어 : 南(남녘 남)

❖ 다음 한자의 훈음을 알아보고 빈칸에 알맞게 쓰세요.

四	四	四				
넉 사	四 四 四 四 四					
□ – 총 5획	四方(사방)　四面(사면)　四月(사월)　四日(사일)					

山	山	山				
메 산	山 山 山					
山 – 총 3획	山川(산천)　山村(산촌)　江山(강산)　入山(입산)　登山(등산)					

*상대 반의어 : 江(강 강), 川(내 천), 海(바다 해)

三	三	三				
석 삼	三 三 三					
一 – 총 3획	三國(삼국)　三面(삼면)　三寸(삼촌)　三月(삼월)					

生	生	生				
날 생	生 生 生 生 生					
生 – 총 5획	生日(생일)　生家(생가)　生氣(생기)　生食(생식)　生動(생동)					

*상대 반의어 : 死(죽을 사) *유의어 : 活(살 활)

❖ 다음 한자의 훈음을 알아보고 빈칸에 알맞게 쓰세요.

西	西	西				
서녘 서	西 西 西 西 西 西					
襾 – 총 6획	西山(서산) 西大門(서대문) 西海(서해) 西便(서편)					

＊상대 반의어 : 東(동녘 동)

先	先	先				
먼저 선	先 先 先 先 先 先					
儿 – 총 6획	先生(선생) 先王(선왕) 先祖(선조)					

＊상대 반의어 : 後(뒤 후)

小	小	小				
작을 소	小 小 小					
小 – 총 3획	小人(소인) 小心(소심) 小食(소식)					

＊상대 반의어 : 大(큰 대), 太(클 태)

水	水	水				
물 수	水 水 水 水					
水 – 총 4획	水道(수도) 水力(수력) 水平(수평) 水面(수면)					

＊상대 반의어 : 火(불 화)

❖ 다음 한자의 훈음을 알아보고 빈칸에 알맞게 쓰세요.

室	室	室				
집 실	室室室室室室室室室					
宀 – 총 9획	敎室(교실) 室內(실내) 室外(실외) 圖書室(도서실)					

*유의어 : 堂(집 당), 家(집 가)

十	十	十				
열 십	十 十					
十 – 총 2획	十日(십일) 十月(시월) 十年(십년)					

五	五	五				
다섯 오	五 五 五 五					
二 – 총 4획	五日(오일) 五月(오월) 五年(오년)					

王	王	王				
임금 왕	王 王 王 王					
玉 – 총 4획	國王(국왕) 王室(왕실) 王家(왕가) 王命(왕명)					

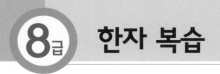

❖ 다음 한자의 훈음을 알아보고 빈칸에 알맞게 쓰세요.

外	外	外				
바깥 외	外 外 外 外 外					
夕 – 총 5획	外國(외국)　外來(외래)　外交(외교)　外出(외출)					

＊상대 반의어 : 內(안 내)

月	月	月				
달 월	月 月 月 月					
月 – 총 4획	月出(월출)　正月(정월)　日月(일월)					

＊상대 반의어 : 日(날 일)

二	二	二				
두 이	二 二					
二 – 총 2획	二十(이십)　二日(이일)　二重(이중)					

人	人	人				
사람 인	人 人					
人 – 총 2획	人名(인명)　主人(주인)　女人(여인)　老人(노인)　小人(소인)					

❖ 다음 한자의 훈음을 알아보고 빈칸에 알맞게 쓰세요.

一	一	一				
한 일	一					
一 - 총 1획	一生(일생)　同一(동일)					

日	日	日				
날 일	日 日 日 日					
日 - 총 4획	日出(일출)　日氣(일기)　平日(평일)　生日(생일)					

＊상대 반의어 : 月(달 월)

長	長	長				
긴 장	長 長 長 長 長 長 長 長					
長 - 총 8획	長年(장년)　校長(교장)　家長(가장)　學長(학장)					

＊상대 반의어 : 短(짧을 단)　＊유의어 : 永(길 영)

弟	弟	弟				
아우 제	弟 弟 弟 弟 弟 弟 弟					
弓 - 총 7획	兄弟(형제)　弟子(제자)　子弟(자제)					

＊상대 반의어 : 兄(형 형)

❖ 다음 한자의 훈음을 알아보고 빈칸에 알맞게 쓰세요.

中	中	中				
가운데 중	中 中 中 中					
丨 - 총 4획	中國(중국)　中食(중식)　中年(중년)　中立(중립)					

靑	靑	靑				
푸를 청	靑 靑 靑 靑 靑 靑 靑 靑					
靑 - 총 8획	靑年(청년)　靑色(청색)　靑軍(청군)　靑山(청산)					

＊유의어 : 綠(푸를 록)

寸	寸	寸				
마디 촌	寸 寸 寸					
寸 - 총 3획	四寸(사촌)　寸數(촌수)　外三寸(외삼촌)					

七	七	七				
일곱 칠	七 七					
一 - 총 2획	七日(칠일)　七十(칠십)　七夕(칠석)					

❖ 다음 한자의 훈음을 알아보고 빈칸에 알맞게 쓰세요.

土	土	土				
흙 토	土 土 土					
土 - 총 3획	土地(토지)　土木(토목)　國土(국토)　農土(농토)					

*유의어 : 地(땅 지)

八	八	八				
여덟 팔	八 八					
八 - 총 2획	八方美人(팔방미인)　八道(팔도)　八月(팔월)					

學	學	學				
배울 학	學 學 學 學 學 學 學 學 學 學 學 學 學 學 學 學					
子 - 총 16획	學生(학생)　學校(학교)　入學(입학)　休學(휴학)					

*상대 반의어 : 敎(가르칠 교) *유의어 : 習(익힐 습)

韓	韓	韓				
한국/나라 한	韓 韓 韓 韓 韓 韓 韓 韓 韓 韓 韓 韓 韓 韓 韓 韓 韓					
韋 - 총 17획	韓國(한국)　韓食(한식)　韓日(한일)					

❖ 다음 한자의 훈음을 알아보고 빈칸에 알맞게 쓰세요.

兄	兄	兄				
형 형	兄 兄 兄 兄 兄					
儿 – 총 5획	兄弟(형제) 父兄(부형) 兄夫(형부)					

＊상대 반의어 : 弟(아우 제)

火	火	火				
불 화	火 火 火 火					
火 – 총 4획	火力(화력) 火山(화산) 火氣(화기)					

＊상대 반의어 : 水(물 수)

6급 ❶과정

기출 및 예상 문제 해답

제1회 기출 및 예상 문제 (20p~23p)

❶ (1) 생계   (2) 감전   (3) 상경   (4) 강력
   (5) 개교   (6) 각도   (7) 세계   (8) 감기
   (9) 감동   (10) 고심   (11) 각자   (12) 소감
   (13) 각국   (14) 고속   (15) 학계

❷ (1) 각각 각   (2) 지경 계
   (3) 높을 고   (4) 쓸 고
   (5) 열 개   (6) 서울 경
   (7) 강할 강   (8) 셀 계
   (9) 뿔 각   (10) 느낄 감

❸ (1) 同感   (2) 各各   (3) 高手   (4) 時計
   (5) 直角   (6) 外界   (7) 强國   (8) 苦生
   (9) 東京   (10) 開學

❹ (1) ④   (2) ③

❺ (1) ④   (2) ②   (3) ①

❻ (1) ④   (2) ②

❼ (1) ①   (2) ③   (3) ④

❽ (1) 各國   (2) 强力

❾ (1) ⑥   (2) ③   (3) ⑨

제2회 기출 및 예상 문제 (38p~41p)

❶ (1) 전구   (2) 광명   (3) 공정   (4) 공감
   (5) 국교   (6) 구장   (7) 과수   (8) 과목
   (9) 구분   (10) 고물   (11) 공개   (12) 공력
   (13) 공생   (14) 광선   (15) 공공

❷ (1) 예 고   (2) 과목 과
   (3) 공 구   (4) 사귈 교
   (5) 한가지 공   (6) 구분할/지경 구
   (7) 실과 과   (8) 공 공
   (9) 공평할 공   (10) 빛 광

❸ (1) 地球   (2) 外交   (3) 後光   (4) 古今
   (5) 公平   (6) 成功   (7) 共同   (8) 科學
   (9) 區間   (10) 成果

❹ (1) ②

❺ (1) ②   (2) ①

❻ (1) ③   (2) ①

❼ (1) ①   (2) ③   (3) ④

❽ (1) 古物   (2) 公正

❾ (1) ⑧   (2) ⑤   (3) ⑪

제3회 기출 및 예상 문제 (56p~59p)

❶ (1) 대표   (2) 구근   (3) 서당   (4) 다독
   (5) 급사   (6) 고급   (7) 교대   (8) 천당
   (9) 근해   (10) 군내   (11) 다감   (12) 학급
   (13) 금일   (14) 시대   (15) 단문

❷ (1) 많을 다   (2) 급할 급
   (3) 뿌리 근   (4) 집 당
   (5) 대신할 대   (6) 고을 군
   (7) 이제 금   (8) 짧을 단
   (9) 등급 급   (10) 가까울 근

❸ (1) 急所   (2) 世代   (3) 今年   (4) 多少
   (5) 郡民   (6) 級數   (7) 近來   (8) 短命
   (9) 食堂   (10) 根本

❹ (1) ③   (2) ①   (3) ④   (4) ②

❺ (1) ④   (2) ②   (3) ③

❻ (1) ③   (2) ①

❼ (1) ③   (2) ①

❽ (1) 今年   (2) 長短

❾ (1) ⑩   (2) ④   (3) ⑤

제4회 기출 및 예상 문제 (74p~77p)

❶ (1) 동심 (2) 두각 (3) 등수 (4) 일등
(5) 독서 (6) 대답 (7) 대합실 (8) 도면
(9) 온도 (10) 예문 (11) 독자 (12) 음악
(13) 대등 (14) 낙원 (15) 도수

❷ (1) 아이 동 (2) 그림 도 (3) 대할 대
(4) 즐길 락/노래 악/좋아할 요
(5) 머리 두 (6) 무리 등
(7) 법식 례 (8) 읽을 독/구절 두
(9) 법도 도/헤아릴 탁 (10) 기다릴 대

❸ (1) 讀後感 (2) 苦待 (3) 平等 (4) 高度
(5) 對話 (6) 事例 (7) 先頭 (8) 地圖
(9) 苦樂 (10) 童話

❹ (1) ④

❺ (1) ④

❻ (1) ② (2) ③

❼ (1) ④ (2) ③ (3) ②

❽ (1) 苦待 (2) 童子

❾ (1) ⑧ (2) ⑪ (3) ②

제5회 기출 및 예상 문제 (92p~95p)

❶ (1) 신문 (2) 노선 (3) 제목 (4) 미음
(5) 이용 (6) 이화 (7) 명당 (8) 예복
(9) 목례 (10) 천리 (11) 지리 (12) 유리
(13) 녹지 (14) 노면 (15) 면목

❷ (1) 길 로 (2) 다스릴 리
(3) 오얏/성 리 (4) 눈 목
(5) 들을 문 (6) 예도 례
(7) 푸를 록 (8) 쌀 미
(9) 밝을 명 (10) 이할 리

❸ (1) 綠色 (2) 便利 (3) 答禮 (4) 道理
(5) 道路 (6) 明白 (7) 心理 (8) 所聞
(9) 白米 (10) 科目

❹ (1) ② (2) ②

❺ (1) ④ (2) ①

❻ (1) ② (2) ④

❼ (1) ① (2) ④ (3) ③

❽ (1) 明月 (2) 白米

❾ (1) ⑨ (2) ④ (3) ⑩